Manuel

DU

TRAVAILLEUR

RÉPUBLICAIN,

PAR

LE CITOYEN ABEL MOYRIA.

Le travailleur est l'âme de
la société, il doit aussi en
être le régénérateur.

— ¡◉¡ —

PRIX : 25 CENTIMES.

— ¡◉¡ —

A LYON,

ES PRINCIPAUX LIBRAIRES.

MANUEL
du Travailleur Républicain.

Manuel

DU

TRAVAILLEUR

RÉPUBLICAIN,

PAR

LE CITOYEN ABEL MOYRIA.

Le travailleur est l'âme de
la société, il doit aussi en
être le régénérateur.

———◦◉◦———

A LYON,

CHEZ LES PRINICPAUX LIBRAIRES.

1848

PRÉFACE.

Deux principes ennemis, irréconciliables, la royauté et la démocratie, sont en présence depuis 1789, et luttent incessamment l'un contre l'autre avec des chances diverses.

Trois fois triomphant,
le peuple, dont la force est
irrésistible dans les com-
bats, a perdu le fruit de
ses luttes héroïques, parce
que, n'étant pas assez instruit, assez éclairé, il est
obligé de confier le pouvoir,
fruit de ses victoires, à la
bourgeoisie, qui ne man-
que jamais de le tromper
et de s'approprier le résul-
tat des conquêtes qu'il a
faites.

Il faut donc que le travail-

leur et le prolétaire se met-
tent en mesure de faire eux-
mêmes leurs affaires, et ne
soient plus contraints de
tomber aux mains de l'a-
ristocratie.

Ce que j'exige de la dé-
mocratie est aisé ; c'est un
labeur qui ne sera ni bien
long, ni bien difficile. Il ne
faut pas croire qu'il soit
nécessaire d'être un savant
géomètre, d'être un Thé-
nard, un Dupin, un grand
latiniste, un helléniste

profond, pour être apte à devenir un bon administrateur; loin de là. Les érudits de profession, nous en avons la preuve sous les yeux en ce moment, sont presque toujours de tristes détenteurs du pouvoir; aussi affirmons-nous, sans craindre qu'on puisse nous donner un démenti de quelque poids, qu'un homme d'un jugement sain, qui sait l'histoire, la géographie, la grammaire et l'a-

rithmétique, est apte à
faire un maire, un préfet,
un ministre, qui sera loin
d'être inférieur à tous ceux
qui ont régi la France depuis trente ans.

Que tout travailleur, tout
prolétaire, ajoute donc à
l'instruction primaire qu'il
a reçue les connaissances
que nous lui demandons.
Ce travail ne demandera,
terme moyen, suivant l'âge
et la puissance de la mé-
moire, que deux ans et

demi d'étude, en employant
seulement trois heures par
jour, huit le dimanche, et
cette étude achevée, le travailleur sera aussi instruit
que les dix-neuf vingtièmes
des nobles et des bourgeois
qui ont passé dix ans dans
les colléges.

Je sais bien qu'il faudra
prendre sur des travaux
souvent mal rétribués pour
acheter des livres, pour
payer des leçons particu-
lières, qu'on devra s'impo-

ser bien des privations. Mais le fils du peuple n'est-il pas habitué à mille peines ? dort-il *la grasse matinée* ? Ce que nous voulons, ce qui serait impraticable pour un fils pauvre de l'aristo-cratie, lui semblera facile. Et puis, qu'est-ce qu'une gêne de deux ans pour de-venir homme, pour être digne du nom de citoyen français, pour marcher l'é-gal de tous, pour être apte à représenter la République dans toutes les positions qu'elle a créées?

A l'œuvre donc, amis! l'âge n'est pas un obstacle. Si à vingt-cinq ou trente ans vous avez un peu moins d'aptitude qu'à dix-huit, la volonté sera plus ferme, les déplaisirs éprouvés vous stimuleront plus vivement.

Hors de l'ornière! éveillez-vous; soyez dignes des conquêtes de vos pères, de celles que vous avez faites; n'oubliez pas que

c'est bien vainement que
vous remportez des victoires, si vous n'êtes pas en
mesure d'en recueillir les
conséquences. Songez sans
cesse que le palladium des
républicains, le suffrage
universel, n'est qu'une ligne de plus écrite dans nos
codes, si votre ignorance
vous livre aux intrigues de
la bourgeoisie, à la volonté
de *M. le maire*, aux insi-
nuations, aux manœuvres
de *M. le curé*.

Les habitants des campagnes, ceux des montagnes surtout, ont grand besoin de mettre nos conseils à profit; il n'y a encore aucune indépendance parmi les cultivateurs, parce que les lumières leur manquent. En possession de l'instruction que nous voulons que les prolétaires et les travailleurs acquièrent, une étrange et bien heureuse révolution aurait lieu, car, de par le suffrage universel et les élections diverses, les nobles, les bourgeois et le clergé, qui ne sont que la vingtième partie au plus de la population, passeraient brusquement du rang de protecteurs à l'humble condition de solliciteurs, et deviendraient républicains sans arrière-pensées.

À l'œuvre donc, encore une fois, enfants du peuple! et dans cinq ans, sans secousses, sans guerre civile, le pouvoir sera en vos mains

pour n'en plus sortir, et
tout le bien qui est à faire
pourra enfin s'accomplir.

Une mission bien glo-
rieuse est dévolue aux
instituteurs primaires dans
la régénération que nous
prêchons : ils peuvent, s'ils
veulent comprendre leur
noble apostolat, faciliter
prodigieusement la trans-
formation que nous appe-
lons de nos vœux, par
des écoles d'adultes, et par
le sacrifice de quelques

heures de travail de plus,
qui leur seraient payées par
la reconnaissance publique,
c'est-à-dire par un bon
souvenir, le jour des élections populaires.

Ces professeurs auront
à lutter contre le mauvais
vouloir de la bourgeoisie et
du clergé ; mais aujourd'hui
leur position est indépen-
dante, ils peuvent faire le
bien sans redouter la mi-
sère, qu'ils veuillent donc
aussi mettre la main à

2

l'œuvre, et le peuple les
· bénira.

Lyon, 20 octobre 1848.

MANUEL
DU TRAVAILLEUR
RÉPUBLICAIN.

Il n'est pas nécessaire de beaucoup insister, après ce que nous venons de dire , pour prouver que l'or, ou les hasards de la naissance , ne font pas l'homme, mais bien l'éducation et l'instruction. En effet, nous connaissons tous des fils de ba-

rons , des héritiers de riches
banquiers, qui ne sont que des
butors, et Molière, d'Alembert,
Béranger, Esope, Horace, Vol-
taire, Fabert, Sixte V, Euripide,
sont immortels.

Puisque l'instruction seule
distingue les citoyens, les classe
parmi les personnages hors
ligne, en fait des hommes, un
travailleur qui se respecte et qui
veut être respecté doit donc
suivre les conseils que nous venons de lui donner , aussitôt
qu'il le peut sans nuire à sa
santé, richesse du pauvre.

A nos premiers avis nous

allons en joindre d'autres que
nous intitulons : *Manuel du travailleur et du prolétaire républicain.* Ces conseils bien suivis
compléterant l'éducation de
l'homme du peuple, car l'instruction seule ne suffit pas ; on
doit y ajouter des manières po-
lies, un langage civil, des dehors
prévenants, et puis une certaine
manière de vivre et d'agir qui
empêche toute familiarité trop
grande entre lui et les personnes riches.

Le travailleur doit être vêtu
proprement, avec soin, éviter
avec la plus grande attention ce

laisser-aller qui tend au *débraillé* et qui est presque toujours l'indice de la paresse et de l'inconduite.

Le travailleur soigneux de sa personne l'est en toutes choses. En outre, comme la multitude juge par l'apparence, on ne doit pas se présenter sous un jour défavorable; c'est se manquer à soi-même que de donner à autrui l'occasion de nous mal juger.

A des travaux plus ou moins pénibles il faut quelques heures de repos, des délassements; mais les plaisirs de la table, poussés jusqu'à l'ivrognerie, sont dégradants, avilissants, indignes de l'homme, et rabaissent au-dessous de la brute ceux qui s'y livrent.

L'ivrognerie est la source de presque tous les crimes, de tous les délits et de toutes les misères qui affligent l'espèce humaine. L'ivrogne devient bientôt paresseux, brutal, méchant ; ruiné, il est presque impossible qu'il respecte les lois de l'honneur. Il n'y a qu'un pas du cabaret au bagne, a-t-on dit. Cette terrible sentence semble exagérée ; hélas ! l'expérience, la statistique des cours d'assises

viennent confirmer d'une manière formelle cette maxime ef-
frayante.

Par l'abus du vin, tous les
défauts s'accroissent, se chan-
gent en vices.

Le querelleur devient batail-
leur; le babillard ne sait plus
garder un secret essentiel, la
confidence d'un ami; le volup-
tueux s'oublie au point de re-
chercher de honteux plaisirs; il
se précipite dans des lieux in-
fâmes qui le matin étaient pour
lui des objets de dégoût et de
mépris.

L'homme prompt s'emporte,

se livre à la colère quand il a trop bu. Tel était bon mari, bon père, que l'excès du vin a rendu brutal, insociable.

En définitive, l'abus de la boisson cause toutes les misères qui trop souvent désolent les ménages plébéiens et la chambre solitaire du garçon.

Le travailleur républicain ne devra donc jamais abdiquer sa dignité, en tombant dans la classe si justement méprisée des buveurs de profession. Modèle de patriotisme, il devra être un type moral sans reproche.

Le travailleur est, par l'em-

ploi continuel de ses forces, phy-
quement supérieur à la classe
bourgeoise. Il ne doit pas abu-
ser de la vigueur de ses muscles
pour molester plus faible que
lui: c'est de mauvais ton, c'est
répréhensible; mais il ne doit
jamais supporter l'injure, faire
grâce aux impertinents, et si
quelqu'un s'oublie envers lui
au point de l'insulter, de le
frapper, quel que soit l'insolent,
quel que soit son rang, il devra
lui donner une verte leçon : ainsi
le veut l'égalité.

Un travailleur ou un prolétaire qui s'entend tutoyer par un

de ces riches manants qui croient
que l'or les pose supérieurs au
reste des hommes, et que la
classe opulente est d'une autre
espèce que celle qui vit par le
travail, doit aussitôt prendre,
sans la moindre affectation,
d'une façon toute naturelle, le
langage de son impertinent in-
terlocuteur, et faire pleuvoir
les *tu*, les *toi* et les *te* aussi long-
temps qu'ils lui seront adressés.
Si le ton familier cesse, le travailleur reprendra un langage
convenable.

Règle générale, il modélera
sa manière de parler et d'agir

sur celle qui sera employée à
son égard. Il y a des hommes
qui, sans aller jusqu'au tutoie-
ment, prennent des airs protecteurs, emploient les locutions :
Mon cher, mon ami, etc., avec
un ton blessant de supériorité;
on les ramène bien vite à la po-
litesse en imitant leur sans-fa-
çon.

Voici un sacrifice, un grand
sacrifice que je voudrais obtenir
des travailleurs. Tant que leur
éducation n'est pas complète et
qu'ils n'ont pas acquis un com-
mencement de fortune , ce
serait de ne pas prendre l'habi-

tude bien inutile et bien dis-
pendieuse du tabac.

On a bientôt brûlé pour deux
sous de cette drogue qui rap-
porte cent millions au trésor ,
et le soir on est moins fort,
moins dispos que si l'on s'était
abstenu de l'usage de ce poison
qui décime la population (1).

Nous ajouterons qu'il n'y a
rien de plus malséant que de
fumer en travaillant ; on fait

---

(1) Voyez l'ouvrage du docteur
Montain sur le tabac, et vous serez
effrayé des maux qui naissent de son
usage.

moins et moins bien. En outre,
pour certaines professions, il y
a danger du feu, et, dans ce cas,
la conscience défend de faire
courir un risque à celui qui
nous emploie.

Un travailleur ne doit se ma-
rier que lorsqu'il est parvenu au
degré d'instruction voulu et
qu'il a quelques avances , à
moins qu'un établissement
avantageux ne vienne lui rendre
faciles et sa position sociale et
les conséquences du mariage.

Quelle que soit son aisance,
il doit se faire recevoir membre
d'une de ces sociétés de secours

mutuels si précieuses pour celui dont toute la fortune est
dans les bras.

Si le lieu qu'il habite est dé-
pourvu des excellentes institu-
tions dont nous parlons, il devra
se faire agréger dans une ville
du voisinage et payer bien exac-
tement sa redevance hebdoma-
daire.

Il faut à un homme du pain
assuré ; en cas de maladie, de
malheur, les sociétés mutuelles
y pourvoient.

On ne doit jamais oublier
qu'il n'y a d'indépendance bien
réelle que lorsque l'existence

est assurée, qu'on n'a pas besoin
de telle ou telle personne.

Des milliers de bons citoyens
se trouvent enchaînés pour n'a-
voir pas fait en temps utile un
fonds de réserve, pour avoir négligé l'association.

Le compagnonnage, qui est
bon en lui même, doit être
purgé au plus tôt de ces rivali-
tés, de ces exclusions qui bles-
sent profondément la fraternité
et amènent des luttes déplora-
bles qui déshonorent ceux qui
s'y livrent.

Le compagnonnage, au sein
de la République, doit être une

franc-maçonnerie destinée à venir en aide à celui qui est sans travail ou malade. Ceux qui voudraient en faire une coterie sont de mauvais citoyens, coupables du crime de lèse-fraternité.

L'homme qui maltraite sa femme, qui s'oublie au point de la frapper, est un rustre, un lâche, méritant le mépris public. Battre un être faible et sans défense est le fait d'un malhonnète homme.

On ne doit pas avoir confiance au courage de celui qui tyrannise celle qu'il devrait protéger, dont le bonheur lui est confié.

Tous les hommes vaillants, d'un courage éprouvé, sont d'excellents maris ; l'homme qui a du cœur le prouve en tout et partout.

Un travailleur qui a une jeune épouse ou des filles en âge d'être mariées ne permettra pas l'entrée journalière de sa maison aux hommes riches ; il ne doit jamais oublier que corrompre les femmes n'est qu'un jeu, un passe-temps pour la plupart des hommes qui ont de l'or.

Souvent absent de chez lui, le travailleur doit donner à sa femme les ordres les plus sévères pour qu'elle veille avec un soin extrême sur l'honneur de la famille. S'il surprend des intrigues, des essais coupables de la part des séducteurs de profession, il devra aux insolents une rude correction.

Le travailleur doit donner des états à ses enfants pour qu'ils ne soient pas réduits à tomber dans la domesticité: mieux vaut le pain de la fatigue que celui de la servilité.

Ce n'est pas au travailleur que nous recommandons le soin de ses parents devenus vieux ou infirmes, incapables de gagner leur vie. Ce soin religieux est bien mieux accompli par les pauvres que par les riches.

Si le travailleur prend la bonne habitude de vivre au sein de sa famille, de lui faire partager ses distractions , ses promenades, ses plaisirs, il sera à coup sûr mieux portant, plus heureux et plus riche, toutes choses étant égales, que ceux qui fréquentent les cafés et les cabarets.

Le travailleur ne doit jamais se tenir découvert en face d'un homme, quel qu'il soit, qui garde son chapeau sur la tête. Après un salut , il se couvrira si la personne à laquelle il parle est couverte.

Règle générale : sans être trop fier, il ne devra pas oublier que tous les hommes sont égaux et que les distinctions humiliantes qui ont trop long-temps existé entre les citoyens ne doivent plus avoir cours aujourd'hui.

Après un mûr examen, après en avoir longuement conféré avec sa femme, sa famille et ses amis, le travailleur élèvera ses enfants dans la religion qui lui semblera la plus convenable pour en faire de bons citoyens;

puis il tiendra la main à ce que
ceux - ci pratiquent régulière-
ment les usages pieux qui seront la conséquence du . choix
qu'il aura fait.

. Il ne permettra pas que ses
enfants le tutoient, ou qu'ils
emploient ce langage irrespec-
tueux avec leur mère.

Il ne les frappera jamais, et
ne souffrira pas que sa femme
se serve de ce dangereux et détestable mode de correction qui
doit être aussi sévèrement banni
de nos usages que l'a été l'im-
moral et ignoble châtiment que
nos pères administraient ou

faisaient administrer même à l'adolescent.

Un coup donné avec vivacité est presque toujours au-dessus de ce que peut supporter un être faible et délicat. En outre, cette manière de corriger n'atteint nullement le but qu'on se propose, car le plus souvent elle rend les enfants colères, opiniâtres, rancuneux. Ils se raidissent, les garçons surtout, contre ce qu'ils jugent un abus de la force, un acte de tyrannie.

Des paroles sévères, la privation des caresses habituelles, des promenades, des beaux vêtements, la réclusion-dans un lieu obscur mais sain , sont les seuls moyens efficaces et sans danger à l'aide desquels on peut assouplir le caractère des enfants, les rendre dociles. Au surplus, il n'y a que ceux qui ont été gâtés qui deviennent difficiles à élever. Avis donc aux parents trop bons, surtout aux mères, pour qu'elles ne se préparent pas des jours d'ennuis en remplaçant de tendres soins par des faiblesses déraisonnables.

J'oubliais de dire qu'on ne peut dans aucun cas supprimer aux enfants un de leurs repas ; donnez de la soupe seulement, si vous le voulez, mais que la nourriture soit toujours abondante : la nature, dans le bas âge, a des besoins impérieux qu'il serait fatal de contrarier.

Un homme doit professer hautement ses principes politiques et ses croyances religieuses. On ne doit compte qu'à Dieu de ces dernières. Quiconque est de bonne foi ne saurait se tromper.

Toutefois, il n'y a pas de présomption à conseiller la pratique du christianisme, car c'est lui qui a le premier enseigné

l'égalité et la fraternité; c'est
lui qui a dit aux hommes :

Les derniers seront les pre-
miers.

Aimez-vous les uns les autres.

Ne faites pas à autrui ce que
vous ne voudriez pas qui vous
fût fait.

Tous les hommes sont égaux
devant Dieu, etc.

Le livre qui proclame de pa-
reilles maximes est bien digne
de servir de guide religieux à
un bon républicain.

Le travailleur doit avoir des
égards et de la complaisance
pour le maître chez lequel il

travaille ; il doit être d'une discrétion parfaite sur tout ce qu'il voit ou entend dans l'atelier ou dans la maison.

Il ne doit jamais quitter l'établissement sans prévenir, et se soustraire aux exigences des bons procédés.

Il respectera la femme et la fille de son patron, sous peine d'être réputé un malhonnête homme, un mauvais citoyen. La classe pauvre doit avoir des mœurs austères, se distinguer par la pratique de toutes les vertus.

Un travailleur prudent ne per-

mettra pas à son épouse de fré-
quenter habituellement, de faire
sa société de femmes beaucoup
plus riches qu'elle; il serait à
craindre que la vue d'un bien-
être qu'elle ne peut se procurer
ne vînt à lui donner du dégoût
pour sa position ou ne l'enga-
geât à faire plus que ses res-
sources ne lui permettent, et
qu'elle ne vînt à se jeter dans la
voie détestable de l'emprunt et
des dettes.

CONCLUSION.

Nous pensons que quelques conseils donnés à la femme du travailleur ne seront pas déplacés à la suite de cet opuscule que nous ont dicté nos sympathies pour la démocratie.

La femme du travailleur doit, comme son mari, avoir une mise simple, mais de la plus grande propreté. Sa chevelure

et toute sa personne doivent
proclamer des soins attentifs
d'elle-même, le désir de plaire
à son époux.

Son logement et ses meubles
doivent flatter les yeux par leur
bonne tenue.

Son mari sera l'objet de toutes sortes d'attentions et de pré-
venances; elle ne doit jamais
oublier qu'il est le pourvoyeur
et le soutien de la maison par
ses veilles, ses fatigues, son as-
siduité au travail. Si elle a quelques moments de mauvaise humeur à endurer, elle doit les
supporter avec patience, en

pensant que probablement ils sont le fruit de contrariétés, de chagrins, d'injustices que son mari éprouve de la part de ceux avec lesquels il est en rapport pour son ouvrage.

Il est donc de son devoir de lui faire oublier ses peines, de les partager, d'adoucir les amertumes dont sa vie est semée.

Par une conduite semblable, elle est bien sûre de se faire chérir, de faire un excellent ménage ; car la bonté a un charme qui subjugue toujours tôt ou tard les personnes vis-à-vis desquelles elle s'exerce.

La femme du travailleur doit apprendre, si elle ne le sait pas, à bien apprêter les mets qui sont en usage dans les ménages comme le sien. La soupe surtout, cette précieuse ressource des pauvres, doit être faite avec grand soin et au goût du chef de la maison. Cette nourriture saine et confortative, bien faite, contribue puissamment à l'entretien de la santé. Le plus modeste repas, préparé avec soin, servi proprement, présenté d'une humeur joviale, devient agréable et salutaire.

L'eau étant, hélas! le plus

souvent la boisson du travailleur, doit être choisie avec une grande attention ; il ne faut pas craindre d'aller un peu loin pour s'en procurer de convenable. L'eau de bonne qualité facilite la digestion; celle qui est de mauvaise nature cause des maladies plus ou moins graves. Les enfants bien constitués ne doivent boire que de l'eau. Puisque nous parlons d'eux, ajoutons qu'il ne leur faut pas d'aliments poivrés; jamais de café ni d'eau-de-vie : des organes délicats sont lésés par les choses fortes.

4.

La femme du travailleur doit
allaiter ses enfants; elle se fera
servir pendant le mois qui sui-
vra ses couches. Ce laps de
temps passé, elle trouvera dans
les douceurs de la maternité les
forces nécessaires pour suffire
aux exigences habituelles de son
ménage et aux soins requis par
le nouveau né.

Aussitôt que son enfant sera
assez fort pour être conduit ou
porté à la salle d'asile, la femme
du travailleur se hâtera de se donner ce secours précieux. Il faut
que l'enfant passe de ce séjour
à l'école sans avoir le temps de

courir les places et les rues,
lieux dangereux pour l'enfance
sous les rapports moraux et
physiques. Ainsi dirigés, les enfants se trouveront disciplinés,
obéissants sans effort. En outre,
la mère pourra se livrer aux
travaux domestiques et à d'autres. Comme c'est elle qui est
spécialement chargée de sur-
veiller l'éducation religieuse de
ses enfants, nous lui recommandons d'une façon particu-
lière cette partie si essentielle
de ses devoirs.

Un enfant bien élevé est une
source de bonheur pour ses pa-

rents; l'enfant négligé, l'enfant gâté, qui, par parenthèse, est toujours ingrat , est une cause perpétuelle de chagrins pour eux.

Une bonne femme de ménage, une de ces femmes qui *font les maisons*, n'a pas de temps à donner à des conversations oiseuses ou malignes , l'aiguille , le savon, etc., ne lui laissant que le temps nécessaire pour préparer les repas de son mari.

Elle fuira comme la peste les diseuses de bonne aventure et les charlatans; car les premières abuseront de sa crédulité

pour lui extorquer de l'argent,
et les seconds lui vendront des
remèdes nuisibles ou d'une nul-
lité complète. Avec un peu de
réflexion, il est bien aisé de se
convaincre que, puisque les
médecins, qui ont fait de lon-
gues études, subi des examens
rigoureux, sont si souvent im-
puissants à guérir les malades,
des ignorants, des personnes
qui n'ont aucune connaissance
en médecine, ne peuvent être
secourables pour ceux qui ont
perdu leur santé. Qu'elle con-
sulte Raspail ; voilà son guide

quand il n'y a pas gravité dans
le mal enduré.

Toutes choses étant égales ,
les travailleurs doivent toujours
préférer un cinquième étage à
un logement du rez-de-chaus-
sée donnant sur une cour ou
sur une ruelle. Au cinquième ,
il y aura, il est vrai, plus de
peine pour le transport de
l'eau, du charbon, etc.; mais
ils jouiront d'un air pur; ils seront hors des atteintes malfai-
santes qui émanent des eaux
ménagères dont les cours sont
infectées; ils ne seront pas à
portée de l'odeur détestable et

nuisible qu'exhale à Lyon cha-
que allée convertie en *urinoir*,
à la honte de la police munici-
pale.

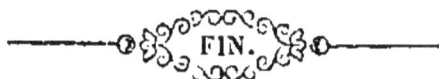

FIN.

LYON. — Impr. de Bouusy, gr. rue Mercière, 66.

RÉPUBLIQUE FRANÇAISE

UNION ET FORCE

LIBERTÉ ÉGALITÉ
FRATERNITÉ

L. D.

www.ingramcontent.com/pod-product-compliance
Lightning Source LLC
Chambersburg PA
CBHW072015290326
41934CB00009BA/2092